AF322052

COMITÉ DE DÉFENSE ET DE PROGRÈS SOCIAL

Patrie, Devoir, Liberté

L'ÉDUCATION DU SUFFRAGE UNIVERSEL

ET

LE GOUVERNEMENT DU PAYS PAR LE PAYS

LETTRE A UN DÉPUTÉ

PAR

M. J* FERRAND,

Correspondant de l'Institut,
ancien préfet.

AU SIÈGE DU COMITÉ
54, rue de Seine, Paris
1900

N° 26.

LIBRAIRIE COTILLON-PICHON

24, RUE SOUFFLOT, PARIS,

DU MÊME AUTEUR

Les Pays libres. Leur organisation et leur éducation, d'après la législation comparée. Ouvrage couronné par l'Institut — In-18,

Les institutions administratives en France et à l'étranger. — In-8°.

De l'écart entre nos institutions politiques et notre état intellectuel et moral. — 1 broch. in-8°.

De certains jugements portés à l'étranger sur la situation de la France. — 1 broch. in-8°.

L'organisation municipale de Paris. — 1 broch. in-8°.

La loi municipale soumise au Sénat. — 1 broch in-8°.

Par quels moyens l'Italie combat les progrès du socialisme. — 1 broch. in-8°.

La réforme municipale en France et en Italie. — 1 broch. in-8°.

L'Italie en 1891. — 1 broch. in-8°.

Un avant-projet de décentralisation administrative. — 1 broch. in-8°.

Nos lois politiques et administratives depuis vingt ans. — 1 broch. in-8°.

L'ÉDUCATION DU SUFFRAGE UNIVERSEL

ET

LE GOUVERNEMENT DU PAYS PAR LE PAYS

LETTRE A UN DÉPUTÉ

Il est malheureusement incontestable, comme vous voulez bien me l'écrire, que notre pays s'intéresse peu, en réalité, à la décentralisation. Le motif principal de son indifférence est que nous sommes presque tous étrangers à la question ; ou bien nous avons reçu a son égard des idées peu étudiées, peu exactes, et nous les conservons sans examen, par esprit de routine. Cette grave difficulté préjudicielle s'est beaucoup manifestée dans les séances de la commission spéciale qu'avait instituée l'honorable M. Ribot, a son dernier ministère. Celui de ses collègues qui nous présidait ne connaissait pas lui-même le sujet, ne s'était muni d'aucun programme; il semblait ne pas savoir notamment ce qui existe a l'étranger.

Un tel état des esprits ne doit pas trop surprendre Depuis des siècles, la Centralisation, nos lois, nos mœurs, nos pratiques quotidiennes, excluent des gérances publiques la généralité de la population. Le concept *français*, républicain comme monarchique, est que ces gérances appartiennent a l'*État*, à ses délégués, aux fonctionnaires (454.000), sous la réserve d'une certaine représentation nationale et locale, consistant : pour les *élus* (463 188), en un droit de regard, de discussion et de décision · pour le *surplus des Français majeurs*, en un vote émis tous les trois, quatre, six et neuf ans

Il résulte de ce concept commun je le répète. à tous nos partis, que la généralité de la population (plus de *dix* millions sur onze millions d'électeurs) ne reçoit *aucune* initiation aux affaires du pays, qu'elle ne rencontre journellement aucun sujet de devoir, d'activité, de responsabilité civiques, aucune occasion naturelle de contacts et de rapprochements sociaux, qu'elle n'a, en matière d'intérêts publics, d'autre aliment que la lecture des journaux, l'esprit de parti ou de secte et la poursuite du pouvoir, des emplois, des décorations.

Il en résulte aussi que tous nos gouvernements, quels qu'ils soient, surmenés, mis en cause, assaillis à toute occasion, et nécessairement fragiles, sont entraînés, bon gré mal gré, à pratiquer, sous des formes et à des degrés divers, la *candidature officielle*, par conséquent à fausser eux-mêmes nos institutions, à vicier la représentation, à donner au pays les plus mauvais exemples, à le dépraver.

Depuis que la candidature officielle, à la suite de plusieurs de nos lois assez récentes, ne peut plus être et n'est plus, *directement*, aux mains des ministres, des préfets et des maires, ses effets sont devenus encore plus pernicieux à la moralité et aux services publics, sans que désormais elle permette au Gouvernement, comme avant 1870, de remplir ses attributions avec une certaine indépendance.

La préparation intellectuelle du *vote* n'existe donc, chez nous, pas plus aujourd'hui qu'avant 1870. Mais, par contre, on nous a dotés de l'éligibilité intégrale des maires, qui, en se combinant avec le *morcellement excessif* de nos communes, a achevé de décentraliser la police (service essentiellement d'Etat) et presque de l'annuler en général, surtout dans les campagnes. On nous a dotés aussi de la loi sur les cabarets, de la loi sur la presse, etc.

Pour fonder véritablement la République, il eût fallu, entre autres changements propres à agir sur les esprits et sur les mœurs, centraliser plus que jamais les *gestions nationales* ou *d'Etat* et décentraliser, au contraire, largement les gestions *locales*, sauf à bien organiser à leur égard le contrôle du Gouvernement, avec droit de veto suspensif et d'annulation.

C'est une voie à peu près opposée qu'on a suivie. De là notablement, ainsi que d'autres infirmités anciennes, notre état mental et moral présent, fidèlement reflété, hélas ! par nos crises si permanentes et si aiguës, par le developpement de tous les abus, par les prodigalités de nos budgets, etc ..

En 1871, M. de Bismarck était revenu de France inquiet d'une de ses œuvres antérieures les plus graves : le suffrage universel, limité cependant aux seules elections du Reichstag et retardé jusqu'à l'âge de vingt-cinq ans Des lors, il eut comme l'idée fixe d'introduire une reforme administrative, dont la caracteristique et le but principal fussent de preparer, intellectuellement et socialement, le *vote* en meme temps que de fortifier l'*Etat*.

Dans son plan initial, il s'agissait a la fois : 1° de creer et de mettre à la portée de tous des sujets très nombreux de devoirs, de services et de responsabilites civiques, de multiplier les occasions de contacts et de rapprochements pour les classes et les personnes, et ainsi d'accroitre la capacité et l'influence politiques spéci ' nent de la partie de la population qui peut le plus s'adonner ` affaires publiques: — 2° de mieux délimiter le rôle et les attributions de l'*Etat*, de l'autorité souveraine, de l'exonérer de beaucoup de labeurs steriles, d'exigences, de difficultés, de griefs, et ainsi de l'affermir, de lui assurer plus d'indépendance et plus de fécondite

Pour fixer et pour réaliser ce plan, il s'inspira des idées que les patriotes reformateurs Stein, Hardenberg, Guillaume de Humboldt, etc., avaient deja mises au jour, de 1808 à 1812. Aidé du professeur Gneist, qui lui-même s'aida, tres efficacement aussi, de la législation anglaise, il finit par aboutir, après bien des difficultés et des traverses, a faire adopter un ensemble de lois administratives qu'on peut resumer succinctement ainsi :

Au Gouvernement : les gestions *nationales* ou *d'Etat* (rapports avec les Chambres, preparation et execution des lois, contrôle des gestions locales, police de sûreté, justice, diplomatie, finances, armée et marine, collation et retrait des emplois *d'Etat*, voirie *nationale*, surveillance de l'enseignement, protection des incapables, etc.);

Aux pouvoirs locaux élus · les gestions *locales* de toute nature, avec instruction, délibération et exécution, sous le regard de l'Etat et de ses delegués, investis du droit de veto suspensif et d'annulation (administration proprement dite des circonscriptions interieures, bureaux de bienfaisance, hospices et asiles, ecoles, assistance pénitentiaire, voirie communale et cantonale, logements insalubres, hygiène, rapports et conciliation des patrons et ouvriers, dispensation et retrait des licences pour débits de boissons, etc.). On conçoit que ces gestions, très variées, simples, accessibles à tous, puissent excellemment servir, *vivifiées par l'élection et les compétitions d'idées et de personnes*, à promouvoir l'activité locale, à initier le grand nombre aux affaires publiques, à multiplier les contacts sociaux, à propager la notion, la pratique du devoir civique et de ses responsabilites tant personnelles que collectives, en un mot à *préparer le vote*.

Dans la province, dans le département, dans l'arrondissement, dans le canton, dans la commune, les agents de l'Etat, (préfet supérieur de province, préfet de département, sous-préfet d'arrondissement, bailli cantonal, maire confirmé après avoir eté élu), administrent, sous leur responsabilité propre, les affaires de l'*Etat* ressortissant à leurs circonscriptions respectives, et en particulier ils procurent avec vigilance l'exécution des lois et règlements, ils contrôlent les décisions et actes des pouvoirs locaux élus, ils empêchent toute infraction aux lois, tout préjudice à l'intérêt général. Mais, quant aux affaires des circonscriptions elles-mêmes, ils se bornent à être, selon le rang des circonscriptions, soit, dans la province, *commissaires du Gouvernement*, armés du droit de veto suspensif, auprès de l'assemblée provinciale, de son comité exécutif et de son *Landes-Direktor* élus, soit, dans le département, dans l'arrondissement, dans le canton, dans la commune, *présidents*, avec veto suspensif, des assemblées de département, d'arrondissement, de canton, de commune et de leurs comités exécutifs élus. C'est l'assemblée ou son comité exécutif qui pourvoit à toutes les affaires *locales*, notamment à la collation et au retrait des emplois locaux, qui instruit, entre en rapports avec les intéressés, délibère, exécute, expédie.

Autre trait capital de la réforme : ce n'est plus, comme précédemment, le Souverain et ses délégués, unitaires ou collectifs, qui statuent sur les réclamations, les plaintes et les conflits *d'ordre administratif* En vertu de la réforme, cette attribution, a la fois d'une *très grande portée éducative* et d'un exercice difficile, a été transférée à des juridictions spéciales, nouvelles, rapprochées des populations et en partie émanant d'elles, siégeant, en première instance, au chef-lieu d'arrondissement, en appel, au chef-lieu de département, en dernier ressort au Conseil d'État, dans la capitale. Les juridictions de première instance et d'appel sont composées de trois membres élus par l'assemblée d'arrondissement et par celle de département, ainsi que de trois fonctionnaires *d'État* désignés par le pouvoir central : le préfet ou le sous-préfet *président*, un magistrat professionnel et un fonctionnaire financier de la ville. Les séances de ces nouveaux tribunaux sont publiques, la procédure est gratuite, le plaignant a le droit d'être entendu personnellement ou par mandataire. La section du Conseil d'État réglant les pourvois n'a pour membres que d'anciens administrateurs ou magistrats, à la nomination du Souverain, mais inamovibles.

Ma lettre est déjà trop longue pour que j'étende ces indications sommaires et pour que j'explique notamment comment le législateur allemand a cherché à éliminer le plus possible le bon plaisir, le favoritisme, les pressions parlementaires, électorales et autres. Certaines des réglementations nouvelles sont du plus grand intérêt : celle par exemple sur la gratuité des fonctions électives en général, gratuité destinée à restreindre la quantité des politiciens professionnels et à permettre à la classe instruite de rendre beaucoup de services, de bien mériter du pays et de gagner de l'ascendant ; celle relative aux nombreux cadres administratifs ouverts à des membres, nombreux aussi, et fréquemment rééligibles ;

celle concernant le bailli cantonal (administrateur, juge de paix, officier 'de police), emprunté en principe à la localité elle-même, renouvelé tous les cinq ans, présenté par l'assemblée d'arrondissement et nommé par le préfet de province ; celles pour la collation et le retrait des emplois, pour les tribunaux de discipline, etc.

La plupart des éléments de cette législation nouvelle se retrouvent, moins méthodiques, moins complets, moins, cohérents, en Angleterre, en Suisse, en Belgique, en Italie, etc. Partout, ils mêlent amplement le pays a ses affaires publiques les plus usuelles, de manière à l'associer, à l'unir à son Gouvernement, à assainir et à fortifier l'État, à développer l'éducation politique, à rapprocher les personnes et les classes, *à préparer le vote...*

Au delà de nos frontières, c'est l'*administration* qu'on offre en aliment, avec confiance, a l'activité générale et qui est employée à la formation, a l'apprentissage du citoyen, de l'électeur ; en France, au contraire, c'est la *politique* elle-même, matière compliquée, ardue, très sujette aux illusions et aux entraînements. En voulant faire coexister côte à côte l'organisation unitaire, absolutiste, de l'an VIII et le parlementarisme, on devait aboutir nécessairement à cette erreur néfaste. De 1815 à 1831-1833, la Chambre des députés ayant seule été *élective*, il advint tout naturellement que le concours effectif de la nation elle-même, les controverses, l'opposition ne purent se porter que sur la *politique*. En 1831-1833, les nouvelles lois organiques livrèrent au vote la composition des conseils municipaux, des conseils d'arrondissement et des conseils généraux ; mais la manutention quotidienne de la plupart des affaires *administratives* continua d'appartenir à l'*État* et à ses délégués, tandis que, dissemblance fondamentale ! cette manutention, à l'étranger, est dévolue aux *élus* locaux et que l'*État* ne s'y ingère que par un droit de contrôle et d'annulation.

Depuis que la réforme administrative a été mise en pratique chez nos voisins d'outre-Rhin, j'ai eu plusieurs fois, à Ems, l'occasion d'interroger sur ses résultats certaines personnes compétentes ; toutes m'ont repondu que ces résultats ont déjà été satisfaisants, qu'ils sont généralement jugés tels, qu'ils tendent à améliorer l'état moral et politique, mais qu'ils n'ont pas enrayé la poussée socialiste, le seul mode et la seule forme d'opposition qui existent en Allemagne, les seuls aussi probablement qui existeront bientôt chez nous, dans des conditions très inquietantes

En résumé, nous demeurons plus que jamais *inadaptes* et inaptes à nous gouverner nous-mêmes ; et, par surcroît maintenant, nous ne pouvons plus être gouvernés d'en haut. Nous sommes, depuis trente ans, en pleine République et en pleine liberté, depuis cinquante deux ans en plein suffrage universel, et nous restons, entre les nations européennes de grande civilisation, celle ou le legislateur a le moins égard aux *nouvelles nécessités* d'idées et de conduite, de contacts sociaux, d'initiative et de responsabilité individuelles, qui s'imposent de jour en jour partout, plus imperieusement encore dans notre pays qu'ailleurs.

L'antinomie, depuis 1815, de notre système *politique* et de notre système *administratif* de nos principes et de nos pratiques, ainsi que l'action incessante de cette antinomie sur nos esprits et sur nos mœurs, ont determiné, en grande partie, les perturbations qui nous ont tant divisés, tant entravés, dans ces soixante-dix dernieres années. Evitons nous que les mêmes causes subsistant et étant devenues bien plus intenses, leurs effets ne subsistent aussi et ne se développent irrésistiblement?... Avons-nous, desormais, pouvons-nous avoir plus de discernement dans l'exercice du vote et de la souveraineté, plus d'entente mutuelle et d'accord, plus le souci de nos devoirs publics? Sommes-nous, pouvons-nous être moins superficiels, moins desagreges, moins passifs ?

Si nous persistons aveuglément à ne pas accommoder notre système administratif, nos pratiques quotidiennes et peu à peu nos mœurs à notre système politique, et, *seconde réforme, également urgente*, à ne pas accommoder, non plus, l'exercice de notre suffrage universel aux *réalités existantes, à l'ordre naturel et supérieur des choses* (1), nous verrons fondre sur nous des calamités nouvelles. Cela est inéluctable. « *Les principes prévalent tôt ou tard et les destins s'accomplissent...* »

Inutile d'expliquer que lès deux réformes pourraient être édictées par les Chambres elles-mêmes, sans qu'il s'ensuivît aucune atteinte à notre Constitution.

En orientant le Parlement et le pays vers ces nouveaux sujets, si considérables, d'activité, de controverses, de luttes, on réussirait pèut-être à nous detourner enfin des vaines et miserables querelles, des intolerances et des violences réciproques, des chimères, qui nous font, depuis ces dernières années, tant de mal à nous-mêmes et aux yeux de l'étranger.

Obligés de gouverner avec les discordances, les anachronismes, la mentalité générale qui viennent d'être indiqués à grands traits, Solon lui-même, Richelieu, Bismarck, Gladstone, auraient été reduits à l'impuissance et se fussent usés en pure perte.

Puisse-je, Monsieur, réussir à vous convaincre ?

Jh FERRARD.

---

(1) Quant à la reforme électorale on trouverait dans la nouvelle législation belge des dispositions dignes d'être bien méditées l'électorat à vingt-cinq ans pour la Chambre des représentants et à trente ans pour le Sénat, le vote obligatoire, la representation proportionnelle le vote plural Ces dispositions, au lieu d'être contraires, sont véritablement conformes aux *réalités existantes, à l'ordre naturel et supérieur des choses*.

COMITÉ DE DÉFENSE ET DE PROGRÈS SOCIAL

Tracts à 2 fr. le cent assortis.

1. La propriété.
2. Histoire d'une casquette
3. La nationalisation du sol.
4. Le plus coûteux des gouvernements.
5. Mes griefs contre le socialisme, par M. Eug. d'Eichthal.
6. Le budget de l'Etat collectiviste, par M. Maurice Block, de l'Institut.
7. Socialistes, pourquoi pas? par M. Pajot.
8. La patrie française et l'internationalisme, par M. Anatole Leroy-Beaulieu, de l'Institut
9. Les citations de M. Jaurès et la véracité des socialistes, par M. Paul Leroy-Beaulieu, de l'Institut.
10. Collectivisme agraire et nationalisation, par le même
11. A l'école de la coopération et à l'école du socialisme, par M. Eug. Rostand, de l'Institut.
12. Les responsabilités de la presse, par M. Anatole Leroy-Beaulieu, de l'Institut
13. Criminalité et socialisme, par M. Eug. Rostand, de l'Institut.
14. Le salariat et le salaire, par M. Levasseur de l'Institut.
15. Comment rendre à la France son ancien rang dans le monde, par M. A. Delaire.
16. Le pain gratuit, par M. A. Béchaux, correspondant de l'Institut
17. L'association dans les campagnes, par le même.
18. Les tarifs progressifs d'imposition en France par M. René Stourm, de l'Institut.
19. La démocratie a-t-elle besoin d'une élite? par M. H. Joly.
20. Population et fonctionnarisme, par M. A. Béchaux, correspondant de l'Institut.
21. Une victoire financière: la libération du territoire après 1870, par le même.
22. Les confessions d'un socialiste désabusé, par M. Georges Blondel.
23. Une monographie de famille : Un artisan d'une ville d'Écosse.
24. Karl Marx Fictions et paradoxes, par M. Maurice Block, de l'Institut.
25. En grève, par M. Maurice Constançon.

Conférences (broch. in-18 à 0 fr. 05).

PARIS — IMPRIMERIE F. LEVÉ, RUE CASSETTE, 17